Zur
Taufe
viele gute Wünsche

Irmgard Erath

GROH

Deine Taufe
ist der erste Schritt auf deinem Weg
zum Glauben und in die Gemeinschaft.
Ich wünsche dir, dass du diesen Weg voll Vetrauen
und mit frohem Herzen weitergehst.

Glauben und lieben

Mit der Taufe möchten deine Eltern
dir etwas Schönes und Kostbares
mit auf den Weg geben:

Deinen Namen,
der dein Leben lang
zu dir gehören wird.

Den Segen Gottes,
der dich immer und überall begleiten möge.

Den Glauben, die Hoffnung und die Liebe,
die dein Herz ganz erfüllen sollen.

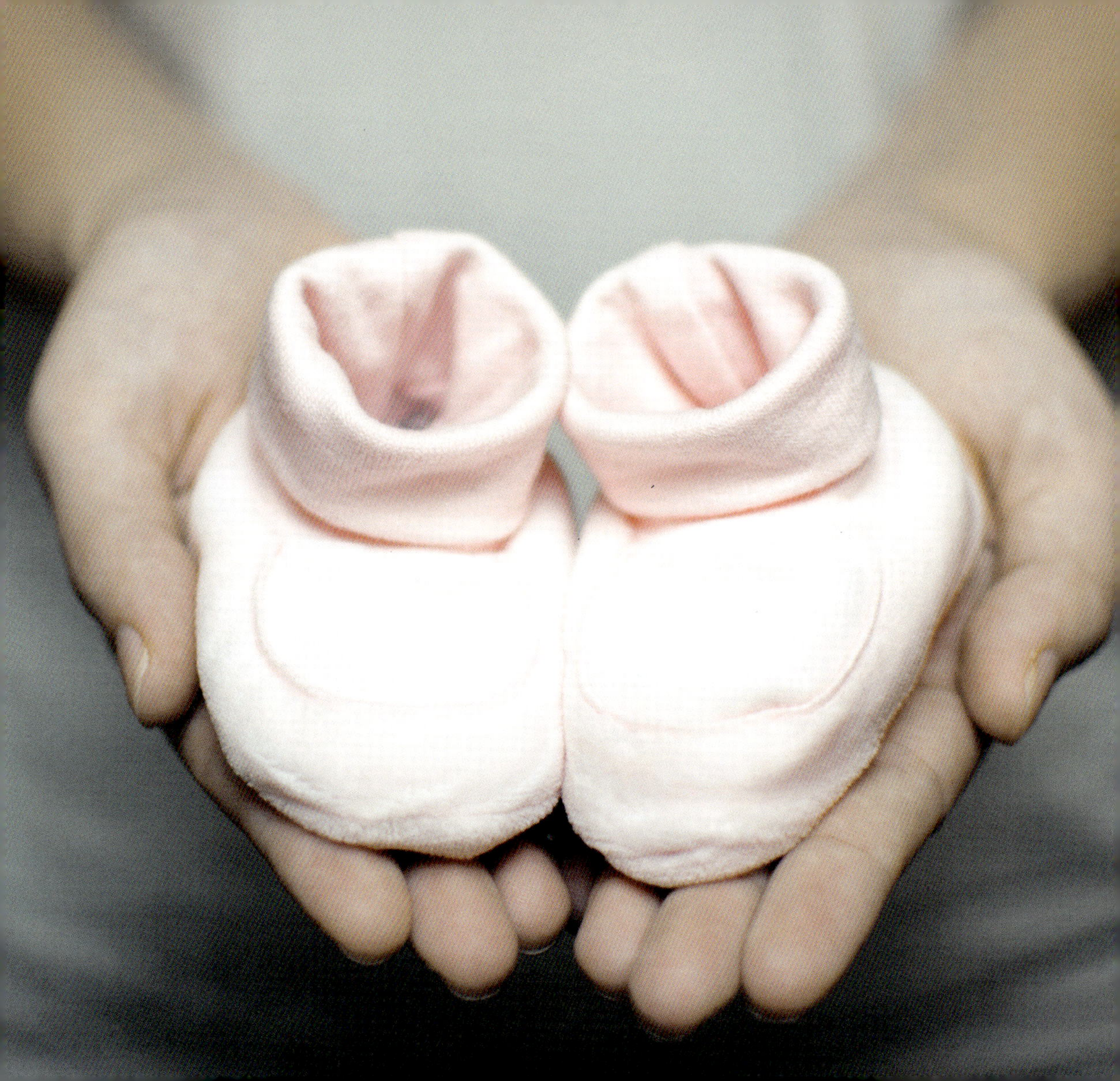

Deine Eltern und Paten
sind die ersten und wichtigsten Menschen
auf deinem Weg ins Leben.

Du bist ihnen in besonderer Weise anvertraut:
Sie dürfen dich führen und beschützen,
deine Augen für das Schöne und
dein Herz für das Gute öffnen.

Was für eine große
und wunderbare Aufgabe!

Unendlich
kostbar

Bei der Taufe zeichnen der Pfarrer,
deine Eltern und deine Paten das Kreuz auf deine
Stirn, um dir zu sagen:

Du, kleines Menschenkind,
du bist willkommen
und von Herzen geliebt.

Du, kleines Menschenkind,
du bist kostbarer als alle Schätze dieser Welt.
Sei gesegnet und beschützt.

Vor Gott muss man sich beugen,
weil er so groß ist,
vor dem Kinde,
weil es so klein ist.

Peter Rosegger

Wie schön ist es,
wenn das Licht der Sonne
und das Wasser der Erde
sich im Regenbogen vereinen.

Wie schön ist es,
wenn das Licht des Glaubens
und das Wasser des Lebens
sich in der Taufe vereinen.

Voll Dankbarkeit halten deine Eltern
dich bei der Taufe in ihren Armen.
Denn seit du da bist,
ist für sie alles anders, alles schöner.

Ihre Tage sind voll Glück und Freude
und ihre Nächte voll zärtlicher Sorge.
In ihren Herzen wohnt dein Lächeln
und auf ihren Lippen liegt dein Name.

Gesegnet
und beschützt

**Ich will dich segnen
und du sollst ein Segen sein.**

1. Mose 12,2

Gott segne deine Wege,
damit du sie mit Mut und Zuversicht
und mit ganz viel Vertrauen gehen kannst.

Gott segne dein Leben,
damit es schön werde und bunt,
reich an Freude, an Glück
und an Geborgenheit.

Gott segne dein Herz,
damit es stark werde im Glauben,
froh in der Hoffnung
und treu in der Liebe.

Der schöne Name,
den deine Eltern für dich ausgesucht haben,
und du, kleiner Schatz,
ihr beide gehört nun für immer zusammen.

Dein Name ist etwas Besonderes – genau wie du.
Darum passt er so wunderbar zu dir.
Dich und deinen Namen – euch beide gibt es
nur einmal auf der ganzen Welt.

L
V
E

Wie dein Herz sich in der Taufe
vertrauensvoll der Liebe öffnet,
so öffnen sich deine Augen der Schönheit in der Welt.

Deine Augen – sie sind offen wie der Himmel,
leuchtend wie die Sterne und klar wie der See.
Aus ihnen lächelt die Freude,
strahlt das Glück ...

Möge dein Leben
so froh und glücklich werden,
wie es ein Blick in deine Augen verspricht!

Alle guten
Wünsche

**Was du bist, ist Gottes Geschenk an dich.
Was du aus dir machst,
ist dein Geschenk an Gott.**

Sprichwort

Deine Familie, Freunde und Gäste
geben dir am Tag deiner Taufe
ihre stillen Gebete und guten Wünsche
mit auf den Weg.

Und mit ihren liebevollen Geschenken
wollen sie dir zeigen,
wie sehr sie durch dein Kommen
in unsere Welt
auch selbst beschenkt sind.

Denn für sie alle bist du
das kostbarste Geschenk:
ein Geschenk des Himmels.

Du bist geborgen in der Zärtlichkeit deiner Eltern
und in der Fürsorge deiner Familie.

Du bist geborgen in der Gemeinschaft der Kirche
und unter dem Segen Gottes.

Du bist geborgen unter dem Schutz deines Engels.
Behutsam und liebevoll.

Ich wünsche dir Freunde,
die bei Sonnenschein und Regen
treu an deiner Seite bleiben
und die immer für dich da sind,
wenn dein Herz Trost
oder viel Mut braucht.

Freunde, die sich mit dir freuen,
wenn deine Träume sich erfüllen,
wenn du Schönes erleben darfst
oder wenn du ganz einfach glücklich bist!

Glück
und
Freude

Du, kleiner Schatz,
bist der schönste Beweis dafür,
dass die Liebe nie müde wird,
die Freude in die Welt
und das Glück in die Herzen
der Menschen zu tragen.

Mögen in deinem Leben
viele kleine Wunder geschehen.

Kleine Wunder,
in denen du die Schönheit der Welt entdecken kannst,
die Glück und Freude in dein Herz tragen
und die dich mit den Menschen,
die zu dir gehören,
noch inniger verbinden.

**Fröhliches Kinderlachen
streut Blumen der Freude
auf die Wiese des Lebens.**

Renate Nussbaumer

Dein Schutzengel
wird dich auf deinem Weg
durch das Leben begleiten.
So treu wie die Sonne
und so still wie der Himmel über dir.

Ich wünsche dir,
dass du in deinem Herzen spüren kannst,
mit welcher Liebe dein Engel dich führt
und wie sehr du von ihm behütet bist.

Alles Glück
der Welt

Wie ein schönes weites Land
liegt die Zukunft vor dir.

Mache dich vertrauensvoll auf den Weg.
Du wirst sehen, wie herrlich bunt die Welt ist.
Glaube fest an dich selbst und
an die Menschen,
die mit dir unterwegs sind.

Ich wünsche dir,
dass du deinem Leben die hellen Farben
der Freude und der Liebe gibst,
damit du von Herzen glücklich werden kannst.

**Der Herr schenke dir, was dein Herz begehrt,
und lasse all deine Pläne gelingen.**

Psalm 20,5

Wenn du größer bist
und in diesem Buch blätterst,
dann wünsche ich dir,
dass du spürst, mit welcher Freude
die Menschen, die zu dir gehören,
dich in ihre Mitte aufgenommen haben
und dir alles Glück der Welt wünschen.

Zur Taufe alles Liebe!

Jeder Tag ein neues Abenteuer.

Kleine Geschenkideen zu Geburt und Taufe finden Sie auf:

www.groh.de

facebook.com/grohverlag

Über die Autorin:
Irmgard Erath wurde in Sulz/Voralberg geboren. Zunächst galt ihr Interesse vor allem der italienischen Sprache und dem Zeichnen, bis sie zu ihrer ganz besonderen Begabung fand: dem Verfassen von Aphorismen und Prosatexten. Ihre erfolgreichen Bücher sind Ausdruck ihres liebevollen Einfühlungsvermögens und sprechen vielen Menschen aus dem Herzen.

Textnachweis: Wir danken allen Autoren bzw. deren Erben, die uns freundlicherweise die Erlaubnis zum Abdruck von Texten erteilt haben.

Bildnachweis: Cover: 237/Robert Daly/Ocean/Corbis; Rückseite: Christopher Elwell/Shutterstock; S. 4/5: photocrew/fotolia; S. 7: Edwin Remsberg/Getty Images; S. 8: Deviant/Shutterstock; S. 10/11: Marili Forastieri/Getty Images; S. 13: Nelosa/iStock/Thinkstock; S. 14: Photobos/iStock/Thinkstock; S. 17: doble.d/fotolia; S. 18/19: kieferpix/iStock/Thinkstock; S. 20: Ingrid Balabanova/Shutterstock; S. 23 u. S. 26/27: G.G.Bruno/Getty Images; S. 24: Geri Lavrov/Getty Images; S. 28: Seb Oliver/Getty Images; S. 31: Premium RF/Masterfile; S. 32: 237/Tom Merton/Ocean/Corbis; S. 34/35: Anda Stavri Photography/Getty Images; S. 36: Franny-Anne/fotolia; S. 39: Picture-Factory/fotolia; S. 40: Gordana Sermek/fotolia; S. 42/43: Tetsuya Tanooka/Aflo/Getty Images; S. 45: Premium RF/Masterfile; S. 46: UFO RF/a.collection/Getty Images.

Layout: Sandra Gramisci Editorialdesign, München
Satz: textum GmbH, München

ISBN 978-3-8485-1341-3

Die nachhaltige Waldbewirtschaftung und die verantwortungsvolle Gewinnung des Rohstoffs Papier ist uns ein Anliegen. Daher werden alle Buch- und Kalender-Neuheiten auf FSC®-zertifiziertem Papier gedruckt.

FSC www.fsc.org
MIX
Papier aus verantwortungsvollen Quellen
FSC® C011862

157008-4355-02

KLEINE WUNDER

ALLES GUTE

GLÜCK

EMOTIONEN

LIEBE

WÜNSCHE

Eine schöne Zeit

FREUDE

SCHENKEN

Es gibt wohl kaum eine aufregendere Zeit im Leben als die Schwangerschaft und die Geburt eines Babys. Jeder Tag hält neue Erlebnisse, Emotionen und Entdeckungen bereit. Daran teilzuhaben ist etwas ganz Besonderes. Seit 1928 suchen wir bei GROH nach den richtigen Worten für verschiedene Anlässe und begleiten Sie auch in dieser bewegten Zeit: Genießen Sie jeden Moment!

Ihr Joachim Groh